TAREAS DE UN PERRO DE TRABAJO

PERRO DE BÚSQUEDA Y RESCATE

Un libro de Las Ramas de Crabtree

Escrito por B. Keith Davidson
Traducción de Santiago Ochoa

CRABTREE
Publishing Company
www.crabtreebooks.com

Apoyo escolar para cuidadores y maestros

Este libro de alto interés está diseñado para motivar a los estudiantes dedicados con temas atractivos, mientras desarrollan la fluidez, el vocabulario y el interés por la lectura. A continuación se presentan algunas preguntas y actividades para ayudar al lector a desarrollar sus habilidades de comprensión.

Antes de leer:

- *¿De qué pienso que trata este libro?*
- *¿Qué sé sobre este tema?*
- *¿Qué quiero aprender sobre este tema?*
- *¿Por qué estoy leyendo este libro?*

Durante la lectura:

- *Me pregunto por qué...*
- *Tengo curiosidad de saber...*
- *¿En qué se parece esto a algo que ya conozco?*
- *¿Qué he aprendido hasta ahora?*

Después de leer:

- *¿Qué intentaba enseñarme el autor?*
- *¿Cuáles son algunos detalles?*
- *¿Cómo me ayudaron las fotografías y los pies de foto a entender más?*
- *Vuelve a leer el libro y busca las palabras del vocabulario.*
- *¿Qué preguntas tengo aún?*

Actividades de extensión:

- *¿Cuál fue tu parte favorita del libro? Escribe un párrafo sobre ella.*
- *Haz un dibujo de lo que más te gustó del libro.*

ÍNDICE

¿Qué hacen los perros de búsqueda y rescate?

Los perros de búsqueda y rescate (SAR, por sus siglas en inglés) intervienen tras un **desastre** natural o provocado por el hombre, o cuando una persona ha desaparecido.

Los perros SAR utilizan diferentes métodos, como el **rastreo** y el **olfateo**, para encontrar personas que necesitan ayuda.

Los perros que olfatean pueden encontrar un olor a un cuarto de milla (0.4 km) de distancia.

Cuando ocurre un desastre, como una **avalancha**, un deslave o un terremoto, estos perros se utilizan para encontrar a personas que están atrapadas.

Este tipo de búsqueda se denomina discriminación sin olor. Esto significa que buscan a *cualquier* persona y no solo el olor de una persona.

DATO Los perros SAR pueden oler a una persona enterrada hasta 15 pies (4.6 metros) en la nieve, el lodo o los escombros de un edificio derrumbado.

El rastreo y el seguimiento son habilidades diferentes para el rescate en los desastres. Los perros utilizados para el rastreo o el seguimiento reciben el olor de una persona.

El rastreo se produce cuando los perros utilizan su olfato para buscar ciertos rastros o marcas, como pisadas o pedazos de ropa. El seguimiento se produce cuando los perros siguen el olor donde quiera que se encuentre, incluyendo el aire o el suelo.

Un perro de seguimiento no persigue un conjunto específico de pistas. Tiene más independencia y sigue el rastro a donde quiera que este lo lleve.

Sirviendo en la comunidad

Siempre que ocurre un desastre, se recurre a los perros SAR para que ayuden. Los adiestradores utilizaron perros SAR para ayudar a encontrar personas tras los atentados del 11 de septiembre de 2001 en el World Trade Center de Nueva York, durante el huracán Katrina en 2005 y cuando se derrumbó un edificio de viviendas en Florida.

El trabajo de un adiestrador SAR no es fácil. Debe tener la habilidad para llevar a los perros a lo más profundo de la naturaleza o en medio de un desastre natural.

Las Torres Champlain se derrumbaron en Surfside, Florida, el 24 de junio de 2021.

Razas

Las razas más populares para la búsqueda y el rescate provienen de los grupos de pastores, deportivos, de trabajo y los sabuesos.

Los border collies forman parte del grupo de los pastores.

Los labradores forman parte del grupo deportivo.

El sabueso es probablemente una de las primeras razas en las que piensa la gente cuando se trata de perros SAR. Conocidos por su increíble sentido del olfato, fueron utilizados por primera vez por los humanos para cazar.

Un sabueso puede oler un rastro de hasta 300 horas, es decir, ¡12.5 días!

Los perros pastores, como los pastores alemanes y holandeses, y los perros deportivos, como los labradores y los golden retrievers, son conocidos por su lealtad y su capacidad para aprender nuevas habilidades.

Estos perros establecen un vínculo con sus compañeros humanos y siempre están dispuestos a complacerlos.

El san bernardo con un barril en el collar es un **símbolo** muy conocido de la búsqueda y rescate tras las avalanchas.

Los perros san bernardo originales no recibían un adiestramiento especial. En su lugar, los perros más viejos les mostraban a los más jóvenes cómo encontrar a las personas.

DATO Los monjes del hospicio del Gran Paso de San Bernardo, en Suiza, empezaron a utilizar a los san bernardos para rescates tras avalanchas en la década de 1660. En la actualidad, los san bernardos ya no se utilizan como perros de rescate.

¿Cómo elegir el cachorro perfecto?

Cuando se busca un perro SAR, muchas organizaciones recurren a los refugios para encontrar los perros que necesitan. Estos perros de rescate son entrenados para rescatar a personas en situaciones de emergencia.

El perro ideal escucha bien y disfruta buscando juguetes ocultos.

DATO Los perros SAR deben ser capaces de trabajar de cuatro a ocho horas sin distracción.

Adiestramiento

Cuando se adiestra a un perro SAR, el adiestrador utiliza recompensas y elogios por el esfuerzo y el éxito. Para cualquier tipo de trabajo, el adiestrador tiene que asegurarse de que el perro quiera tener éxito.

El adiestramiento suele comenzar con el juego de encontrar la pelota. Un perro al que le encante jugar a encontrar la pelota durante varias horas será probablemente un buen perro SAR.

La base del entrenamiento SAR es hacer que el perro piense que un olor humano es algo que quiere encontrar.

Hay diferentes estilos de aprendizaje en la **detección**. El rastreo implica que el perro mantenga su hocico en el suelo y siga un rastro.

El adiestramiento de un perro para rastrear olores toma un poco más de tiempo porque el perro debe ser capaz de hacerlo sin la correa.

El perro SAR promedio necesita 600 horas de entrenamiento antes de estar listo para trabajar.

Los perros SAR también aprenden diferentes formas de alertar a su adiestrador cuando encuentran personas. Algunos perros son entrenados para realizar la búsqueda «va y viene». Esto significa que encuentran a una persona que necesita ayuda, regresan a su adiestrador y lo conducen hasta la persona. Otros perros son adiestrados para utilizar la lealtad con la víctima, por lo que se quedan con esa persona y ladran para alertar a su adiestrador.

Los perros SAR pueden ser entrenados para buscar en el fondo de los lagos. Pueden detectar los gases que flotan a la superficie.

¡Los perros SAR son héroes!

Jake, el labrador retriever, es un perro SAR notable. Ayudó a encontrar a personas enterradas en los **escombros** del World Trade Center tras el ataque de 2001.

Jake también trabajó mucho tras el huracán Katrina en 2005.

Se utilizaron más de 300 perros para buscar entre los escombros en los días posteriores a los atentados contra el World Trade Center.

Orión, un rottweiler, ayudó a salvar la vida de al menos 37 personas cuando las fuertes lluvias azotaron las montañas costeras de Venezuela en diciembre de 1999. La lluvia duró dos días y provocó inundaciones repentinas y deslaves. Miles de casas quedaron destruidas.

DATO Orión no solo encontró personas, sino que en algunos casos saltó a las zonas inundadas para sacar personas de allí.

Los rottweilers son perros grandes y musculosos, pero no son los mejores nadadores. ¡Muchos creen que esto convierte a Orión en un héroe aún más grande!

Rottweiler

Todos los días, en todo el mundo, los perros de búsqueda y rescate están salvando vidas.

Glosario

avalancha: Una gran masa de nieve, hielo o tierra que se desplaza repentinamente por la ladera de una montaña.

desastre: Acontecimiento que causa grandes daños, pérdidas o sufrimientos.

detección: El acto de encontrar cosas.

escombros: Ladrillos, piedras u otras piezas rotas de un edificio.

olfateo: Detectar un olor en el aire y seguirlo hasta donde sea.

rastreo: Seguir a alguien o algo.

símbolo: Diseño u objeto que representa algo más.

Índice analítico

Sitios web para visitar

http://jcsda.com/kids/sardogs.htm

https://kids.nationalgeographic.com/pages/article/lost-and-found

https://kids.kiddle.co/Dog

Sobre el autor

B. Keith Davidson

B. Keith Davidson creció rodeado de perros, y siempre le han fascinado los vínculos que comparten los humanos y estas criaturas tan especiales. Los beagles son sus perros favoritos, aunque sean testarudos y frustrantes. Tiene una maestría en Historia de Canadá por la Universidad de Carleton.

CRABTREE Publishing Company

Written by: B. Keith Davidson
Designed by: Jennifer Dydyk
Edited by: Kelli Hicks
Proofreader: Janine Deschenes
Translation to Spanish: Santiago Ochoa
Spanish-language layout and proofread: Base Tres
Print coordinator: Katherine Berti

Photographs: Cover illustration of Dog(also on title page) © Nevada3, photo of dog © Vladimir Staykov, child in the snow © Alonafoto, Page 4 © IV. androme, Page 5 top photo © jasomtomo, bottom photo © hxdbzxy, Page 6 © Noska Photo, Page 7 © David Schliepp, Pages 8 and 9 all photos © Jim Parkin, Page 10 © Noska Photo, Page 11 top photo © Felix Mizioznikov, bottom photo © hxdbzxy, Page 12 collies © xkunclova, Labrador retriever © Dora Zett, Page 13 bottom photo © Edoma, Page 14 © Stoyan Yotov, Page 15 top photo © IV. andromeda, bottom photo © Nikolai Tsvetkov, Page 16 © Ivonne Wierink, Page 17 dogs © KriKo, Hospice © Chaykoi, Page 18 © Christian Mueller, Page 19 © Elena Efimova, Page 20 © bluecrayola, Page 21 © Anaite, Page 22 both photos © YAKOBCHUK VIACHESLAV, page 23 © SasaStock, Page 24 © Noska Photo, Page 25 top photo © Marcella Miriello, bottom photo © Ingrid Pakats, Page 27 © Noska Photo, Page 28 © Giongi63, Page 29 top photo © caseyjadew, bottom photo © Leeloona. All images from Shutterstock.com except for public domain image page 13 (top), page 26 courtesy of FEMA

Library and Archives Canada Cataloguing in Publication

Available at the Library and Archives Canada

Library of Congress Cataloging-in-Publication Data

Available at the Library of Congress

Published in the United States
Crabtree Publishing
347 Fifth Avenue
Suite 1402-145
New York, NY, 10016

Published in Canada
Crabtree Publishing
616 Welland Ave.
St. Catharines, ON
L2M 5V6

Crabtree Publishing Company
www.crabtreebooks.com 1-800-387-7650

In Canada: We acknowledge the financial support of the Government of Canada through the Canada Book Fund for our publishing activities.

Printed in the U.S.A./062022/CG20220124